凱信企管

用對的方法充實自己，
讓人生變得更美好！

凱信企管

用對的方法充實自己，
讓人生變得更美好！

91則關於

友情、親情、愛情的思索

人生因愛而美好！

自序

　　義大利作家路西安諾曾寫過很美的一句話：「我們都是單翼天使，唯有彼此擁抱才能展翅飛翔。」這句話彰顯了人是需要伴侶，或者得依賴朋友與家人的支持才得以自在地生活。但是總覺得讓人得以飛翔的不只是翅膀，而是敢於付出愛與接受愛的勇氣，正如「想飛的鋼琴少年」這部電影裡說的：「飛機停在地上比較安全，但是飛機就是要飛。」

　　看不見摸不著的愛卻有著巨大的力量，更神奇的是，愛使得數學公式失效，因為兩個人分擔一個痛苦，只有半個痛苦；但是兩個人共享一個幸福，卻有兩個幸福。也因為愛這麼飄渺，所以我們必須努力在每一個當下發現它的蹤跡，同時也要不斷地主動創造出愛。人生最大的奧秘，就是我們心裡最想要的，往往就是我們最必須付出的，就像我們想擁有好朋友，就要先對別人伸出友誼的手；我們若想得到愛，就必須先付出愛。

　　人類的感情，除了伴侶之間的愛情之外，還有同伴間的友情及家人間的親情。不管是親情友情或愛情，我覺得要長久地維持彼此的愛，必須找到雙方共同的關懷，然後在真實世界裡學習成長時，互相支持與陪伴。但是，德國作家納斯

特卻說，有了網路的二十一世紀是一個無能維持關係的世代，因為當人人無時無刻上網站貼自己修過圖的美照，只知道經營「自我」這個品牌，已不再經營情感，而且科技的方便，讓人與人的關係已成為泡麵般的速食品，沒有耐心慢火烹煮，需要時間醞釀與沉澱的情感，就此瀕臨滅絕。也有專家認為社群時代把人人推向自戀的邊緣，但是自戀者無法與他人建立真正的關係，雖然人人還是盼望著愛，也會陷入愛情，但卻不知道該如何愛。這本筆記書收集了九十一則關於愛的思索，不是提供解答，而是希望大家在這些短文下面，能夠用筆，這種比較緩慢的方式，記錄下自己與這個世界的互動，從而找到自己真正的關愛。

李偉文

轉個念，隨時來點正能量 ➡

一盞燈的溫暖

有一首校園民歌—〈留一盞燈〉……

「留一盞燈,讓流浪的人有一種回家的感覺;

留一盞燈,讓晚歸的人有一種被等待的感覺。

不要讓孤獨,常常來作客,

不要讓寂寞,啃蝕疲倦的心靈。

留一盞燈,留一盞燈。」

學生時代，特別是在大四時，忙完一大堆事情，回宿舍總是在半夜。獨自一個人騎車經過田間小路，回到在稻田邊的租賃房子，在完全漆黑的路上，我就唱著這首歌。

　　每個人都有沮喪的時刻，都有孤立無援、四顧無人的情境，這時候，如果遠方亮起一盞守候的燈，即便很微弱，都會是我們旅途趕路時的慰藉。

　　總覺得每個人都在流浪，在生命之旅中不斷飄遊，總覺得人與人之間關懷的問候、溫暖的對待，就會是那盞燈，讓人有種回家的感覺。

安放記憶

世界著名的舞蹈家紐瑞約夫曾說:「家是有人在等你的地方。」
但是,若在你忙碌了一天,到了深夜才能回家,可是你又知道
沒有人在家裡等你,你想回家卻又不想立刻回家⋯⋯這時候你
會想去哪裡?

這種矛盾的心情，就如同作家唐諾所描述的酒吧：「漫漫人生，難免碰上某些較沉重，並不宜於帶上床睡覺的事物，你得想辦法在臨睡之前，趕緊把它忘掉。然而，作為人的永恒悲哀之一是：記憶／遺忘，這檔子事，不能呼之即來揮之即去，因此，我們也只有退而求其次的好好找個地方把它們安放起來。隨著時光轟轟向前，這些不好帶回家的記憶愈積愈多，乃至於逐步裝滿這些酒店之後，酒店遂成為記憶本身的象徵，成為浩浩時間長河中的一個航標。」

老伴

我很喜歡趙詠華唱的一首歌——〈最浪漫的事〉……

「背靠著背坐在地毯上,
聽聽音樂聊聊願望,
我能想到最浪漫的事,
就是和你一起慢慢變老,
一路上收藏點點滴滴的歡笑,
留到以後坐著搖椅慢慢聊。」

我想，這不只是最浪漫的事，其實也是人生最大的安慰與幸福，當然歌曲中的你我指的是夫妻或伴侶，但是我卻認為這個老伴應該把老朋友也算進去。

　　人的一生往往被所謂事業與愛情這二件事弄得疲累不堪，但是友誼卻是上天對人類最大的恩賜，友誼是讓我們撫平傷痕然後鼓起勇氣，重新面對生活的力量來源。

　　但是友誼值得珍惜與珍貴的地方，是來自於生命中共同的經驗，因此若只是一起吃肉喝酒的酒肉朋友，或是彼此交換金錢利益與算計的朋友，當然不會是值得懷念的心靈之交。

一生一世的朋友

小時候看古人曲水流觴，踏花歸去；看狂放醉酒，肝膽相照，
兩肋插刀；看《末央歌》中，眾多真摯的情意流動著⋯⋯

當年總是遺憾，好可惜沒有趕上那個時代！繼而一想，呵，我們也有我們的時代。

　　回想起來，這大半輩子無非也是一場閒情、一場起鬨，朋友們一吆喝、一湊手，再困難的事也敢放手一搏！

　　初識時，大夥兒是那麼年輕，將來要老，就一起老了。真是幸福啊！原來朋友之間的萍水因緣，竟然可以是這樣的一生一世！

　　貪心的我，希望有緣認識的朋友都可以是這樣一生一世的。

地老天荒

忘了是不是張愛玲小說中的對白:「忽然想起地老天荒這回事。如果有一天,這個世界崩潰了,還剩下這片荒野,那時,或者你會對我有一點真心⋯⋯」

人的記憶像弄亂的檔案冊，一些大的事件，不知積壓到哪個角落，以致淹沒無蹤，而許多以為微不足道的片段影像，竟隨手翻得，輪廓鮮明得彷彿可以超越歲月。

　　遠的日子近了，近的日子遠了，對時間的感覺也愈來愈模糊。很多感覺和心情，像天上的浮雲一樣，隨風而逝，一去便不復返，這時，才深深體會到，我們失去的不只是歲月而已。

　　假如真有地老天荒，那時我們還會剩下什麼？還會珍惜什麼？

_____

_____

_____

_____

_____

_____

_____

_____

_____

與自己有約

碰到許久不見的老朋友都問:「你最近在忙什麼?」

剛開始我還會老實地回答:「最近忙著看書。」只見他們瞠目
結舌的樣子,後來只好說大家能理解的答案:「東奔西跑,到
處開會、演講、參加活動。」

想起「小王子」書裡提到的故事，當大人把那幅很可怕的吃了大象的大蟒蛇圖畫看成一頂帽子時，孩子只好跟他們講一些他們能理解的事，比如，橋牌或股票啦，而不再提什麼森林、什麼蝴蝶了！

　　到底什麼是值得忙的？或許大家已忙得沒空去想，也不能夠被理解。比如說，若別人邀約你參加聚會，你說：「對不起，我已經跟客戶有約。」或者跟什麼美髮師、牙醫師、獸醫師……都可以立刻被理解。但是若你說：「對不起，我跟自己有約，我必須去散個步。」我想大部分的人都會認為你是個不合群的怪人！

記錄文蘊居

搬過四次家，前二個地方是都市裡的傳統公寓，五坪左右的客廳，每次在家辦聚會三十至五十人，居然都堆疊得很自在。

專題演講之後的秉燭夜談，在頂樓加蓋的小客廳裡進行，通常都還留下大約二十來位擠在一坪半的小客廳，大家都是肩靠著肩，腳疊著腳（如此下來近身相貼，大伙都變成好朋友了！）

想像我們家「文蘊居」像棵大榕樹一樣，大家可以在樹下喝茶、下棋、聊天……人來來去去，榕樹一直在，觀照著大家的成長歷程。

在客廳與餐廳之間的玄關，我張貼著一個「文蘊居守則」，也寫過一段宣言：

吾居之中，不尚虛禮；
凡入此居，均為知已；
隨分款留，忘形笑語；
不言是非，不侈榮利；
閒談古今，靜玩山水；
清茶淡飯，以適幽趣；
君子之交，如此而已。

好好活著

前幾年，有一場演唱會「永遠的未央歌—民歌三十嘉年華」，
當年的校園歌手全都齊聚一堂，透過歌聲讓我們回想到那一段
單純美好，又充滿理想希望的年代。

當時專程從美國回來的包美聖，與大家相約「民歌四十」再相見，並且要大家「好好活著」，希望大家活得不要太離譜，以免「相見不如懷念」。

是啊，好好活著！

在戰亂時，活著本身就是一種成就。而現在，肉體活著並不困難，但是靈魂要活得好，活得對得起自己，活得能面對少年時曾有的理想，似乎就不容易了。

親愛的朋友，讓我們相約「好好活著」、「不要活得太離譜」，好嗎？

_____

_____

_____

_____

_____

_____

_____

_____

_____

年少時光

高中童軍團的學弟，他當時正在就讀中學的女兒透露他爸爸除了專業的書之外，平常不會看太多閒書，但是卻收藏著我出版的每一本書，而且書中還夾著我學生時代時寫的信。

這個文藝美少女，也分享一篇她在校刊發表的文章，其中有一段這麼寫著：

　　「……爸爸在書上，夾存了許多信件。我所看見的，大多是爸爸高中時的學長李偉文的親筆，如今他們皆已年過半百，也都各自撐起一個家。他們一年總會聚個幾次，對其他叔叔的印象，多從中年後開始，好像他們生來就是成功與老練，但我卻可從這些古老信件中或潦草或昂揚的筆跡，窺見偉文叔叔和爸爸那個瘋狂好勝卻又漸漸懂事的青春……」

　　是的，正如朋友保存著我的信件，我也保存著每個朋友的親筆信件，這些留有汗淚墨漬或者斑斑食物殘渣的泛黃紙張，像是時光機，帶我們回到年少時光。就像美少女寫的：「……相信每一頁都有他們年少的影子，翻開書頁，或許也打開了一扇門，也潛越爸爸那段我不存在的歲月，讓年輕的爸爸，再一次陪伴我成長。」

幸福的明信片

年輕時，出國旅行總會帶上通訊錄，然後在咖啡館或旅館裏，
將路上買的風景明信片寫上旅遊的心情與朋友分享，總覺得這
明信片像是我們在遠方的招喚：「真希望此時你也在這裡啊！」

這種旅遊明信片是全然的無所求與無所用，因此最為純粹，也最有趣味，就像有位朋友說的：「收到這種明信片時，就算是不再浪漫的中年人，嘴角也會上揚，會有種幸福的感覺。」

　　這種明信片有點像古代的信件，我們完全無法預期朋友哪時候會收到信，搞不好我們都已返國回到工作崗位上沒日沒夜地忙著時，信件還躺在某個國家正在罷工的郵局裡呢？但也就因為信件的慢，反而能有更持久的想像。

週日午後

自從實施週休二日這些年來，假日的活動就多得不得了，而且大都是排在星期六，星期天下午以後幾乎沒有任何單位會在這時候辦活動，即便二天一夜的旅遊或訓練，也一定在星期天中午就結束。

不管是社團辦活動、機關團體的宣傳園遊會，或者登山淨灘、聚餐，乃至於研討會共識營，都是排在星期六，星期天下午以後幾乎沒有任何單位會在這時候辦活動，即便二天一夜的旅遊或訓練，也一定在星期天中午就結束，於是所有人、所有大眾休閒或娛樂場所，在星期天下午起，就逐漸進入真空階段，這是一段全然屬於自己的沉澱時光。

　　我也會利用星期天下午，跟久未碰面的朋友聯絡，因為在這個每個人都愈來愈忙碌，步調像是失控的火車速度愈來愈快的時代，我們很容易就與親愛的家人或知心好友失去聯繫。因此在星期天下午，這個人人都有空，人人都容易無聊憂鬱的時刻，正是彼此溫暖問候的最佳時機。

　　這也是與往事相遇的時刻，我們需要一些往事，讓我們被這複雜的世界切割得零零碎碎的心情重新整合起來，面對下一週的挑戰。

累積生命的故事

說故事、聽故事,是人類的天性,甚至可說是人類文明的發端。
小孩子喜歡聽故事,大人也喜歡聽故事,也喜歡轉述故事。

每個人在生命的過程中，都不斷累積故事，都有自己的歷史故事，而且沒有一個人的故事會和別人的完全一樣。我們在故事與故事之間找關聯，當我們認真聽別人的故事時，就是將別人請到自己的故事裡，產生新的連結；反過來說，認真地把自己的故事說給別人聽，就是拿自己的精神餐點在宴客。

　　許多人認為朋友是最大的資產，不見得是朋友會提供我們具體的物質幫助，而是朋友可以豐富我們的心靈與視野。

相遇在荒野

忘不了荒野嘉義分會成立，當天上午桃花心木林裏的浪漫，阿銘轉述種子說的話：「因為時候到了，所以我掉落。」

彷彿才是昨日～～

民國八十七年三月八日荒野嘉義分會成立，在滿天飛舞的種子與葉子中，大伙互相擁抱、互相祝福、互相期許，阿銘轉述種子說的話：「因為時候到了，所以我掉落。」

原來，世間的一切都早有安排。

就像我們能在這千萬年時間的無涯荒漠裡，在這億萬人當中，沒有早一步，沒有晚一步，我們相遇了，我們相遇在荒野。

我常常默默唸著伙伴的名字，靜靜看著伙伴們在陽光下燦爛的臉龐。（雖然名字與容貌總是對不起來）是的，我喜歡在各個活動中辨認大家宛如赤子像天使般發光的臉龐，也喜歡在彼此擁抱中感受我們熱情躍動的心。

因為有你同行，我們不孤單；我們在生命長流裡相認。

親近與疏離

宗教學大師摩爾說過的一段話:「人生最有價值的事物,在於感受人與人之間的愛及藝術,還有自然之美的藝術形態。」

我們在城市中每天看見許多不同的人，甚至在捷運上、電梯裡，人與人之間幾乎前胸貼後背，距離是這麼的近，但是彼此內心卻是非常的疏離與寂寞。

　　我常想念似乎已失落的過往世界，那個與街坊鄰居熟識、可以隨時停在路邊閒話家常的時代；那個物資困乏、但人情很多的時代；那個雖然生活比較不方便、但是心情比較快樂的時代。

_____

_____

_____

_____

_____

_____

_____

_____

_____

_____

_____

有夢有朋友

民國六十年左右，我很瘋狂迷戀幾套棒球漫畫，內容大概不出來自四面八方的「奇形怪狀」的英雄好漢，他們堅忍不拔、屢敗屢戰，最後贏得勝利。

這是在我讀小學時瘋狂迷戀的棒球漫畫，這些來自四面八方的「奇形怪狀」的英雄好漢，雖然各有各的缺點與不足，但是組合起來恰巧就是一隻堅忍不拔、屢敗屢戰，最後贏得勝利（最重要的是贏得彼此的友誼與信任）的團隊。

　　我非常喜歡這樣的故事！

　　我也深深相信，不管是一群原先是如何平凡的人，只要他們有著共同的理想，那麼他們就能夠面對挑戰，並且完成他們從未想過能夠實現的成就。

　　跟朋友們一起為了理想而努力，可以勇敢也可以溫柔；有看雲的閒情，也有猶熱的肝膽；更棒的是，可以一起慢慢變老。

一千一百萬的幸福

有一項調查發現：靠著與好友相聚，就可以達到收入增加一千一百萬同樣效果的幸福感。

英國有一個調查研究發現：年收入增加新臺幣五萬元，可以提昇〇‧〇〇〇七點的幸福感，而與好友相聚可以增加〇‧一六一點的幸福感，差二百三十倍。換句話說，靠著與好友相聚，就可以達到收入增加一千一百萬同樣效果的幸福感。

　　也記得曾經看過一則報導：某家航空公司曾舉辦字數不拘的徵文比賽，題目是：「去日本旅遊，怎樣最好玩？」想不到得到第一名的居然是個小學生，而他只寫了一句話：「跟好朋友去旅遊最好玩！」

　　看來除了金錢比不上好朋友之外，連休閒旅遊少了朋友都要失色許多。

因緣的流轉

一群多年不見的老友宴席後還捨不得離開,第二攤結束已是半夜。大伙揮手道別時,想起了唐宋詞人韋莊那句:「當時年少春衫薄」。

有一次參加了一位中年才結婚的朋友的喜宴，一群多年不見的老友宴席後還捨不得離開，第二攤結束已是半夜。大伙揮手道別時，忽然一陣風吹來，居然有相當的寒意，想起了唐宋詞人韋莊那句：「當時年少春衫薄」。

　　現在與朋友道別的心境與年輕時是截然不同的。當年每一次的分別，大伙都意氣風發，有種策馬奔赴戰場的豪氣：「一杯看劍氣，二杯生別離，三杯上馬去」，即便停駐，也有那種「騎馬倚斜橋」的帥氣。如今，每一次轉身離去，心情卻如同六祖慧能所講的：「此心本淨，無可取捨，各自努力，隨緣好去。」甚至因為太瞭解因緣的流轉，而會將每一次的會面與分別，都當做是生命中絕無僅有的唯一相會。

_____

_____

_____

_____

_____

_____

_____

_____

_____

認真並快樂著

最近翻找一份資料時，看到一疊相片，看著大伙年輕閃耀著光芒的臉龐，不免想起一首歌……

那是荒野保護協會還沒成立以及籌備階段時的活動照，看著當時大伙年輕閃耀著光芒的臉龐，不免想起一首歌：

「常常忽然想起年少浪漫的時光，
大伙聚在一起做些瘋狂的事情，
就算現在還有這樣的心情，
這樣的朋友不會再有，
才相聚便分離，散聚容易⋯⋯」

我最喜歡和朋友一起努力，一起完成事情的那種伙伴情誼，那種不求名不求利，為了理想而一起付出的純真胸懷。甚至有時候自己不做什麼，只是靜靜站在一旁，看著許多朋友，相熟的，不相熟的，在燦爛的笑聲中來來去去，就好高興。好想告訴所有的人，有一個地方，有一群人，是這麼認真這麼快樂的在過生活。

珍惜也感恩

有一年過年時，朋友們到我家聚會，著名的企管顧問詹炳發老師曾經這麼感慨：「老朋友見一次是一次，不要以為大家都年輕，不要以為交通往來很方便，要知道世事無常。」

他有一位大學時住一起，一起打工，一起啃同一顆饅頭果腹的生死之交，長大之後，大家各自忙碌，雖然住在同個城市，卻在他死後一年多才得知消息。

　　沒錯，許多我們以為輕而易舉可以做到的事，一轉身卻成為難以彌補的遺憾！我們總是以為，昨天如此，今天如此，明天也一定會繼續如此。但是，就會有那麼一次，在我們轉身的一剎那，有的事情就是全不一樣了。

　　和老朋友見一次面是一次。次次機會都要把握，都要珍惜，都要感恩！我願意空出時間，與老朋友訂下約會，然後用一種美麗的心情，赴約。

一生感動

一位日本作家寫的一本書，書名叫做《一生感動，一生青春》，
我喜歡這個書名。

我一直喜歡容易感動的人。周遭許多朋友也都是容易感動的人。

　　「一生感動」，這個「生」可以做名詞。倘若一輩子保持容易感動的心靈，那麼一輩子都能如同青春年少般的美好；或者，這個「生」也可以當作動詞。只要何時我們「產生」了感動之心，那個時候就能「產生」如青春般的光芒。

　　不過，在忙碌的日子裡，在艱難的生命中，如何保有最初的那一點感動，如何讓愛與善意經由我們的手源源不絕地傳布出去，這個「初心」的維繫，的確不容易。

手寫的心意

不知道自己是不是個「滿肚子不合時宜」的人，至今我還是認為，於歲末年終、新春時節在卡片上親筆寫下祝福的話，寄給朋友，是件溫馨又浪漫的事。

雖然網路方便又省錢，但總是少了那一點人味，少了那一點為朋友付出時間的心意。為了這一點心意的堅持，我會親筆寫下賀卡，一封一封貼上郵票，寄出。

　　有人會說：「你的時間這麼寶貴，何必費時又費力？」

　　記得小時候偶爾會幫媽媽摺祭祀用的元寶紙錢，媽媽說，每摺一個就要念一句祝福語（聽不懂的咒語），不能只是摺得很快很多，草草做完就算了，重要的是那一份祝福的心意。當我默念著朋友的名字，慢慢地以筆書寫，同時也在心中祈祝著朋友。

　　我是個很珍惜時間的人，手邊也永遠有一大堆等著做的事、等著看的書，但是對於朋友，我還是願意花時間的。

生命的選擇題

「世界變小了，家卻變遠了！」長年在世界波奔，心裡卻始終
放不下在台北的八十多歲的媽媽，攝影詩人李屏賓的這句話，
簡直是忙碌的現代人的當頭棒喝。

我們或許也會像李屏賓一樣必須坦然地接受人生的無可奈何，他知道若要多陪家人，就無法選擇這樣的工作，可是若放棄理想，自己一生會不快樂；但是選擇自己喜歡的工作，就得犧牲與家人的相處。

　　的確，我們的生命選擇，往往無法十全十美，甚至我們也得面對原來「選擇」的真實意涵，就是「放棄」，選擇了這一個，代表放棄了其他所有的可能性，因此我們會遺憾那些被我們放棄的人事物。但是只有了解自己的有限，並承擔選擇的後果，才能活得自在安心。

閱讀樂

小時候，生活是很拮据的。但即便如此，爸爸總會給我們一些錢，讓我們至舊書攤買書。

小時候，如同當時的一般家庭，生活是很拮据的。印象很深刻的是，我們家都是到巷口雜貨店買破蛋，當年雜貨店的蛋都是放在米糠中販售（就像買油必須自備瓶子去打油），有些蛋在運送過程中破掉了，就挑在一旁，用比較便宜的價格販售。

但是即便在如此節儉的家用開銷中，每二、三個星期爸爸總會給我們一些錢，讓我們到位於牯嶺街的舊書攤買書。雖然當時舊書攤的書價已經很便宜，但是通常我們都是在三本五元或三本十元的攤子上挑選，每次回家總是雙手提滿袋子，回到家看到數十本沒有看過的書，就覺得好富足，這種快樂可以支持好多天，等到那批書全都看完為止。

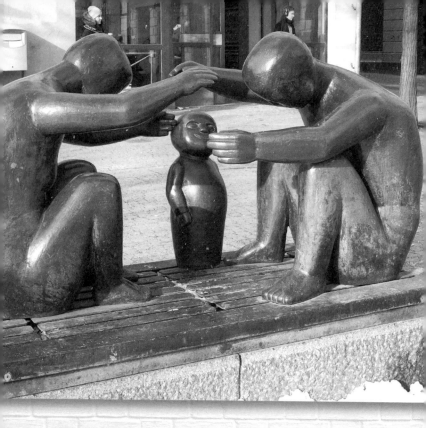

當父母最重要的事

「關心孩子」是應該的，但是當我們為了孩子擱下了自己的興趣，改變自己的生活節奏，甚至放棄自己人生的夢想時，內心一定會有遺憾。

陪伴孩子一定要放輕鬆。「關心孩子」是應該的，但是當我們為了孩子擱下了自己的興趣，改變自己的生活節奏，甚至放棄自己人生的夢想時，雖然我們嘴巴會說：「這是我心甘情願的。」但是內心一定會有遺憾。這種心情使得我們在有形無形中會給孩子過多的期待，因為我們為了孩子犧牲了自己的夢想，難免就會投射在孩子身上，這種有形或無形的壓力，若是孩子有主見就會破壞親子關係，若是孩子溫和乖巧，勉力想達成我們的期待，也會活得很不快樂。

　　因此，我覺得當父母最重要的事，就是要找回自己對生命的熱情，許多未聯絡的老朋友再約一約喝個下午茶，或自己放個假去旅行，甚至年輕時的興趣或夢想也要想辦法重新再接觸，這也是改善親子關係、增添家裡正面氣氛的關鍵。

一枝草一點露

俗語說：「一枝草一點露」，父母把自己活好最重要，美好的生命會帶引出另一個美好的生命，因為只有生命可以影響生命。

如果我們每天生活得熱情又積極，相信孩子看在眼裏，也會對未來充滿了期待。基本上我不相信一個整天埋怨、沮喪或焦慮的父母，陪在身邊的孩子會快樂又自在的。

臺灣俗語説：「一枝草一點露」，真的不必為了孩子而過度焦慮，父母把自己活好最重要，美好的生命會帶引出另一個美好的生命，因為只有生命可以影響生命。

孩子親眼看到大人每天快快樂樂，又積極又熱情的為了自己的理想而努力，進而激發出「有為者亦若是」的情懷，這才是孩子成長中最重要的養分啊！

_____

_____

_____

_____

_____

_____

_____

_____

喜歡現在的自己

回想高中時，那是段不知天高地厚的年紀，那也是意氣昂揚的
青澀歲月。在那杯酒交碰中，偶有人提到：「四十歲時，我們
會變成什麼樣的人？」

啊！歲月如飛！轉眼間大家都過了五十，那些曾經一起編織夢想的天使，想必如今一個個都識時務的在人間忙碌著。該怎麼說別後情節呢？是不是大家碰面都得重新辨識，說說彼此頭銜，那些少不更事的往事是否早已封存在內心那不可碰觸的地方？

　　經過了幾十年，什麼功成名就、立功立業，現在一回想，竟然不是我所在乎的！很好笑，最近一直記掛在心頭的，卻是想問一下所有的老朋友：「你，喜歡現在的自己嗎？」會不會在追逐中，或者怠惰中，或者身不由己，或者不知不覺中，我們慢慢變成了一個自己也不喜歡的自己？

_____

_____

_____

_____

_____

_____

_____

_____

_____

相 知 • 相 伴

雖然我們很早就知道俗諺所謂的「天下沒有不散的宴席」，但總是貪心地希望能與朋友、家人長長久久的相聚。

我們往往會以為現在的美好時刻會繼續下去，總是不願去看見「滄桑」才是人世間的真理，所有因緣聚合的一切，必會散去，包括我們這個血肉之軀也終會告別世界。這樣的體會並不會使我消沈，反而會更加珍惜眼前的一切，因為我知道在亙古的時空中，我們擁有的一切，都如同露珠般易逝。

　　我算是幸福的，一直有著許多朋友從年輕相伴到現在。「相識時我們是那麼年輕，要老，我們一起老吧！」這句話，是這麼令人心驚，也令人心動！

人生的禮物

朋友，是我們所能給予自己的事物當中最好的禮物；至於家人，是上天給予我們的禮物。

我們的父母親、我們的子女，我們自己無從選擇，是上天安排的；但是朋友是我們可以自己選擇的，喜歡他才跟他做朋友，不喜歡就不要跟他往來，跟朋友的關係應該是全然快樂的，所以是我們給自己的人生禮物。

　　常常很感慨，台北人碰面，不是在會議桌上，就是在餐廳裡，就算要聯誼，往往也是關在暗無天日的 KTV 包廂裡朝同一個方向嘶喊，彼此並不交談。於是，就想起早年李珮菁唱的歌：「我願好友都能常常相聚首，對著明月山川相問候……」

於千萬人之中遇見你

張愛玲曾經就「愛情」這個主題,寫過一段膾炙人口的文章:「於千萬人之中遇見你所遇見的人,於千萬年之中時間的無涯的荒野裡,沒有早一步,也沒有晚一步,剛巧趕上了,那也沒有別的話可說,唯有輕輕的問一聲:『噢,你也在這裡嗎?』」

常想到一句成語：「水到渠成」，年紀愈長，愈不敢自詡是那挖渠或灌水的人，反而能滿懷感激的看著冥冥中的上蒼來做收成者。因此愈覺得張愛玲這段話不只是描述愛情，人世間所有該成就的、該護念的，人與人之間的互動不也是如此嗎？

　　人生在世，有多少因緣聚合？有的擦肩而過，有的糾纏綿延，我想，大家都希望碰到的，是扶助自己的貴人。

青春的原鄉

學生時代的老同學一方面見證了彼此的過去，但是也彷彿是一面鏡子，迫使我們凝視當下，而我們在邁向未來時，其實也是在奔回過去，只有重新梳理過去，才能清清朗朗的往前走。

另外，遇到過去照顧過我們的師長，也是生命中的一種安慰，齊邦媛老師她曾經說過：「故鄉可以是一片土地，但應該是那一群人，那些在你年少時愛過你，對你有所期待的人。」

　　就像成語錦衣夜行完成版，錦衣歸故鄉，「錦衣」是穿給這些人看的，這並不是炫耀，而是真誠的展示；還鄉是為了重新面對他們，向他們證明，你已經努力去達成他們為你所設的目標，實現他們在你年少時就為你描繪出的美夢。能夠重遇這些年少時愛過你對你有所期待的人，是被上天賜福的，是擁有青春原鄉的幸運者。

疼惜眼前人

大文豪托爾斯泰寫在《安娜卡列妮娜》書中一開場的名句:「所有的幸福家庭都長得類似,但是不幸的家庭卻都各有各的模樣。」

雖然大文豪托爾斯泰的這一名句不斷地被引用，但是我覺得避免這各式各樣婚姻裡的不幸，解決之道的基礎都一樣——當個令人欣賞的伴侶。

　　有人說，所謂的「靈魂伴侶」，就是跟你步上紅毯的那一位。是的，與其眾裡尋她千百回，不如疼惜眼前人。只要想到再怎麼樣，對方都是自己挑選的，曾經熱愛過的，那麼就應該要想辦法找回彼此的親密感，重燃雙方的熱情。因此要念茲在茲以下兩件事情：一是努力使自己再度被對方欣賞；二是去努力欣賞對方。

重新愛上你

管理學大師韓弟說:「近來,我有時會開玩笑,說我現在正處在第二段婚姻,只不過娶的是同一個女人。」

管理學大師韓弟當他們夫妻倆進入空巢期時，就開始調整雙方的生活方式，藉此維繫雙方的友誼、婚姻以及珍視的一切。

　　我同意他的看法，成功的婚姻需要經歷多次的戀愛，但對象必須是同一個人。但是，很多人會嘆一口氣，想到家裡那位，覺得對他一點感覺也沒有，不知該如何重新談戀愛。其實愛從來不會自然死亡，但是我們必須不斷為它補充活水，不然愛會在我們疏忽下逐漸乾涸。

　　總之，伴侶兩人要重新約會，離開舒適圈一起探索未知的世界；另外也一起跟一大群老朋友共同成長，這是我們在走過青壯年，邀約老朋友「蝸行臺灣」的原因。

愛的活水

熱戀中彼此的「共感」或者「心有靈犀」，往往是兩人認定「就
是他」，就是命中註定的靈魂伴侶的關鍵時刻，這種共感也是
雙方親密感的最重要基礎。

但是婚後，尤其孩子出生，雙方為家庭而打拚奮鬥，在疲憊與壓力之下，這種「共感」不但消失，連所有心動的感覺都不見了。

這些老夫老妻忘掉了，當初兩人的「共感」是創造出來的，是一起看電影、旅行、徹夜長談……等等我們以前覺得浪漫，婚後覺得幼稚，這些兩人用心共同營造出的「魔幻時刻」。但是只靠婚前累積的浪漫，很難撐得過婚後生活壓力的消磨，必須在漫長人生裡，不斷持續創造「共感」的時刻，也就是讓愛的活水不斷。

我們結婚吧!

大哲學家蘇格拉底曾經這麼表示:「無論如何,務必要結婚,
如果你娶得好老婆,你將會很幸福;如果你娶到惡老婆,你會
變成哲學家,造福人類。」

以前農業時代，不管生活起居、食衣住行，一個成年人的所有社會功能或生存條件，都必須在一個有婚約夫婦架構下才能完成，因此一個沒結婚的男生或女生，不管幾歲，都不會被視為大人，或者一個完整的人。可是現在婚姻的功能都被分解外包了，工作有工作的朋友，吃喝玩樂有吃喝玩樂的朋友；男生不必等太太替你煮飯也不餓會肚子，女生更不必為了結婚，而拖累自己追求夢想的機會。這種不婚現象是現代社會學必須面對的全新挑戰！

如同大哲學家蘇格拉底說的：「無論如何，務必要結婚，如果你娶得好老婆，你將會很幸福；如果你娶到惡老婆，你會變成哲學家，造福人類。」既然古聖先賢都這麼說了，那有機會的話，還是結婚吧！

一見鍾情

詩人辛波絲卡的〈一見鍾情〉：「他們彼此相信是瞬間迸發的熱情讓他們相遇，這樣的確定是美麗的，但變化無常更為美麗。」

這首詩安慰我們，不管相遇的結果如何，都是非常美好的。

　　辛波絲卡也提醒：我們只有真心確定，才能在瞬間迸發的熱情裡遇到命定的戀人，但是即便命運將來有所變化而分離，也無所謂，要欣然接受，因為至少我們曾經擁有過一段美麗的愛情。

　　生命中有許多事物，是我們無法掌控的，尤其男女間的情感，這也是為什麼科技文明這麼進步，算命、看星座、占卜、拜拜祈禱還是這麼盛行的原因。尤其在知道人的渺小與無能為力時，只好把決定權委之於另一個不可知的存在，把確定的真實選擇，委之於不確定的命運安排；讓那些無法確定的力量，來幫自己確定。

臺前臺後

莎士比亞說的:「人生如舞臺。」人的一生有前臺,也有後臺。

我們在真實生活中，有所謂前臺演出跟後臺休息，就像我們出門前會整理儀容，因為要見朋友同事，是進入前臺；回到家裡穿著睡衣褲，邋邋遢遢的也無所謂，因為家裡是放鬆休息的後臺。如果用這個比喻，朋友也可以分前臺朋友跟後臺朋友，我們可以在後臺朋友面前顯露出我們的脆弱、害怕，知道他們不會取笑我們，會支持我們、安慰我們。我覺得要與我們長期生活在一起的人生伴侶，一定要是我們的後臺朋友，不然就太累了！一個人怎麼可能回家面對自己最親密的人還要戰戰兢兢、擔心自己的形象，這樣活著還有什麼意思呢！

緣起緣滅

我們常說兩人相遇相愛是一種緣分，萍水相逢是偶然，正如佛教說的：「緣起就緣生，緣滅就緣盡，緣盡就會分離，這是人世之常。」

其實我覺得每一個人內心都知道情侶倆人在一起，愛情是偶然而不長久的。因為戀愛中的情侶最喜歡立下誓言，什麼天荒地老、海枯石爛，什麼愛你一萬年……就是因為我們潛意識裡知道愛情變化無常，所以才口口聲聲不斷保證。不然像親情，哪一個父母曾經向子女保證愛你到地老天荒；或是像友情，往往維持也比情侶戀愛久，朋友之間也不必保證兩人此情直至海枯石爛。

愛情的魔力

在熱戀中，只要跟愛人有關的一切都變得閃閃發光，似乎有道神奇的魔法把愛人的一切都美化了，染上一層神奇的光芒，使他變成精靈或仙女。

心理學家用一個專有名詞「愛染」來形容這樣的狀態，但是這些魔法只有你看得見，其他人眼中看見的還仍舊是那個平凡而庸俗的凡人；甚至身旁的好朋友或家人會很納悶，怎麼會愛上他呢？真是有點奇怪？！

　　有位作家曾説：「愛的悲劇是當別人都説她是巫婆而你卻説她是公主。」其實我們不管別人怎麼覺得，假如我們能夠一輩子都把她當成公主，那也很好，最可怕的是，某天一覺醒來，才突然發現，別人説的沒錯，她真的是巫婆，那就慘了！

只要曾經擁有

愛情這件事情，時機是最重要的，太早或太晚都是悲劇，只有在剛剛好的時間點，彼此同時都有來電的感覺，才能成就美好的姻緣！

太早就是當一方有感覺時，另一方卻還沒準備好，或是雙方都還沒成熟時，談的戀愛也會波波折折；太晚也許是某個人的遲到，某次的錯過，彼此就勞燕分飛，各自東西。

　　人生有些情況，時機錯過就是錯過了，不必太強求，只要感激曾有過這麼一段美好的回憶，有些時候，我們的疏忽與錯誤，用我們的誠心是可以彌補的。至於什麼情況要讓它過去，什麼時候要努力去挽回，case by case，只能依自己的智慧與經驗來判斷了。

等一個人

《等一個人咖啡》電影裡有兩句金句:「這世界每一個人都在等一個人」,以及「等那個看見你與眾不同的人」。

真的，若真的有人欣賞你，可以看見你的與眾不同，那真的是人生最大的幸福啊！

　　可是戀愛中煩惱男女之最的，就是『不確定感』，不知道對方是不是真的喜歡我們，也不知道自己是不是真的愛上他；或者對方是我一直在等待的人嗎？最麻煩的是，這些問題恐怕沒有人有正確答案；或者恐怕永遠沒有所謂正確答案。

　　也就是這種不確定，讓戀愛中的人會特別著迷於星座，塔羅牌或種種迷信的徵兆來幫自己確定，其實這也只是一種安慰劑，暫時安撫自己迷惘的心情吧！

_____

_____

_____

_____

_____

_____

_____

_____

_____

_____

初戀情人

「每個人內心都藏著一個人,想起來就心痛。」泰國電影「初戀那件小事」裡的金句,會讓每個歷經滄桑的中年人想起自己當年的初戀情人吧?

初戀那件小事，不僅是被自己埋藏到心底幽微的角落，那也是屬於每個人在年輕時都會有的浪漫吧？那種單純與美好的感受，難免讓已被工作與家庭壓得喘不過氣的大人懷念與感歎！

　　愛情這東西很無奈，常常你愛的人，卻對自己沒感覺；或者一個追你的人，你卻不來電，愛情這種事終究是努力也不見得有用的。因此，兩人能夠彼此心有靈犀，是很珍貴的，真的要好好珍惜。

不害怕失去

因為，人一直在成長中，不管自己或對方都不斷在變化中，而且環境也一直在改變中，我們的喜好，我們的人生目標，也不斷在變動。

所以，中學時非常談得來的朋友，到了大學搞不好就無話可講；大學時的死黨，畢業後進入職場也許就形同陌路；有時候情侶之間，也沒發生什麼第三者的介入，就是彼此忽然沒有感覺了……這也都是很有可能的。

　　我們要記得，即便再怎麼愛一個人，緣分盡了，就只能放手，讓自己繼續往前走。我覺得愛情最值得我們珍惜的，不只是牽手到永遠的幸運，而是當我們只剩下孤單一個人的時候，也仍然能夠愛自己，並且珍惜曾經有人陪我們走過一段歲月，那些美好的回憶依舊是美好的回憶，不要因為後來的變化而否定一切。

為母則強

我覺得上蒼比較鍾愛女生，以生命的繁衍來看，女性也扮演絕對關鍵的角色，因此女性韌性比男性強。

在人類演化的絕大部分時間裡，人類社會都是以母親為主體的母性社會，一直到進入農耕文明，有了私有財產制，才逐漸變成男人掌權的父權社會。但以歷史時間來看，父權社會似是非常短暫的，搞不好從整個人類生存史來說，只是個意外的插曲呢！

有人說：「女子柔弱，為母則強。」女性繁殖撫育萬物，所以外表雖然溫柔，但是為了孩子、為了生命的繁衍，她們是非常有韌性的。相反的，男性雖然外型勇猛，體力也強壯，但遇到挫折創傷，的確比女性較容易逃避或放棄。

婚姻的規範

德國大文豪歌德這麼說過：「男人愛女生是因為她們是自己所希望的那樣；女人愛男人，卻是渴望男人變成自己所希望的那樣。」

為了生命的繁衍生存，女生必須為她的孩子找個可以協助養育的父親；而根據演化的動力以及自私的基因觀點，男性只要找到健康美貌的女生，交配後就有機會留下自己的基因。這裡的「有機會」其實並不很確定，所以男生最佳的繁衍策略，是多跟一些健康的異性交配。

　　但是女生只要懷孕，一定可以確定孩子有自己的基因；但是孩子存活的機會，要看有沒有夠負責的男生幫忙照料。這個以生物基因為觀點的描述，是目前能夠解釋大部分生物行為的假設。不過人類有道德文明與規範，在婚姻制度之下，這種生物的本能，包括男性的花心也逐漸被限制了！

女人的心靈花園

不管社會多民主，男女多平等，但是畢竟女生要承受懷胎與生
產、哺乳及養育的主要責任，所以結婚後，雖然對男女雙方都
有很大的改變，但是改變最多的，還是女生。

當雙方是男女朋友時，彼此是平等的，但婚後，男友與丈夫雖然是同一人，但是卻會對你有不同的看法與要求，這也是英國女作家吳爾芙所告訴女生，一定要有自己房間與工作的原因。

　　吳爾芙提醒：工作是她們用來飛翔的權力，房間是她可以獨處思考的心靈花園。因為女生不是男生的附屬品，每個人都應該可以擁有自己的夢想與追尋，不必誰為誰放棄自己的人生。

_____

_____

_____

_____

_____

_____

_____

_____

_____

全職主婦

「我每天很認真努力的做家事，沒有人會知道，但是當我某一天偷懶了，所有人都會發現。」家庭主婦們，妳也有這樣的感嘆嗎？

近代女權運動西蒙波娃的書裡就提過：家庭主婦的工作類似希臘神話裡最悲慘的悲劇象徵——薛西佛斯被處罰將一塊大石頭推到山頂去，但是當石頭快到山頂一定又會滾下來……他每天重複做著單調乏味又辛苦、毫無成就感又漫無止盡的工作。

有位婚前在職業上工作得意，但婚後生完小孩就專職家庭主婦的朋友就曾經感慨：「我每天很認真努力的做家事，沒有人會知道，但是當我某一天偷懶了，所有人都會發現。」

以貌取人

人很矛盾，雖然我們很不喜歡別人單憑外貌來判斷我們的內在素質，但是不知不覺中，我們又很容易用外表裝扮來將別人分類。

這也是我們常說的，第一印象的重要性。

不過幸好人還有一種特性，當我們熟識一個人之後，就會忽略他的長相，甚至不必到成為朋友或好朋友，只要我們常常看見，單憑熟悉度，就會增加我們對他的親切感或好感，或許這也是「近水樓臺先得月」的意思吧！因此，若是我們長相普通，不必太在意，當我們想找到可以陪伴自己生活一輩子的伴侶時，外貌這個條件，反而是最不重要的。

愛的錯覺

心理學家曾經設計過非常多有趣的實驗，證明不管男女，當面對危險或緊張的氣氛時，非常容易對身邊的異性產生好感。

這些熟悉人類認知行為與大腦盲點的專家認為：通常我們遇見喜歡的對象時心跳會加速，會流汗緊張，因此，情況顛倒時，當我們緊張心跳加速時，大腦也會誤判，以為我們喜歡身邊這個人。

　　所以許多男生知道要帶女生去看恐怖電影，或者舉辦夜遊冒險的活動，就是利用這種共同緊張或患難容易喜歡上對方的原理。自古以來，在戰亂中，特別容易產生可歌可泣的偉大愛情故事，大概也是如此吧！

_____

_____

_____

_____

_____

_____

_____

_____

_____

_____

_____

門當戶對

古人所說的「門當戶對」，並不只是庸俗的因為雙方的財富地
位，而是因為成長的環境、生活習慣、喜好……若能一致，彼
此比較容易適應。

以往講究的「門當戶對」，並不只是那些外在的物質條件的一致，而是因為成長的環境、社經背景一樣的話，彼此的價值觀、生活習慣，以及對事情的看法，乃至於興趣喜好都比較容易適應，放到現代來看，也就是我們要尋找的人生伴侶，彼此的精神世界應該是要一致的。

　　現代人當然不可能會如古人般，在婚禮拜堂時才第一次見到伴侶的面，但是古代考慮門當戶對，也許是那個時代不得不的最佳選擇。雙方在婚前沒有見到面，反而不會被外貌或花言巧語這些很不確定又不太重要的因素給影響，長期來說，講究門當戶對也許不是很離譜的擇偶條件喔！

愛情是盲目的

柏拉圖說：「愛情是一種神聖的瘋狂。」

這個偉大的哲學家還說：「在戀愛時，每個人都是詩人。簡單講，不管是瘋子或詩人，熱戀的激情會把我們變成完全不像自己的人。」

　　科學研究顯示：人在熱戀時，大腦的狀況跟瘋了幾乎是一樣，是不理性的，這也是俗語說的：「愛情是盲目的」，別人明明告訴你，對方有問題，戀愛中的人是聽不進去的，這跟個人的學識或聰明才智不相干，是因為理性往往無法掌控狂飆中的情緒。

愛情的溫度

西蒙波娃說:「先當人,再當女人。」男女之間也要「先當朋友,再當男女朋友」,除非年紀太大,直接以結婚為目標來交往,那是例外。

這種說法，在日本似乎很常見，也是在日劇或日本電影中會看到的，男女會在初認識時表明——以結婚為前提來交往。

　　比較喜歡以前那種含蓄的情感表現，有一位作家曾這樣形容：「新式的婚姻，就好像一壺從爐子上提下來的開水，時間越長就越涼；而舊式婚姻卻像一壺放在爐子上的冷水，時間越長，反而越熱！」

_____

_____

_____

_____

_____

_____

_____

_____

_____

_____

_____

_____

容顏易老

假如對方淺薄地因為容貌來追求，那是非常危險的，因為隨著
青春老去，一定比不過年輕的競爭者。

自古以來，用美色來招搖與誘惑的人，通常只會吸引到不值得愛的對象，這也是自古紅顏多薄命的緣故吧！

　　以張愛玲曾在「紅玫瑰與白玫瑰」這篇小說中寫過的一段話，用來當作這話題的結語：「是的，年紀輕，長得好看的時候，碰到的總是男人。可是到後來，除了男人之外……總還有別的。」

　　不要等著別人來追你，因為會來追你的，不見得是最好、最適合你的人。因此，只要看到好的對象，適時對他表達自己的心意，也要創造一些機會跟對方相處。

長久的伴侶

著名的導演伍迪艾倫曾說：「從小時候起，我就經常找錯女人。我覺得，這就是我的煩惱。我母親帶我去看『白雪公主』，人人都愛上白雪公主，我卻愛上那個老巫婆。」

兩人能長久在一起，不只是看彼此之間有多少自己欣賞的優點，或者彼此有多少共同的興趣跟喜好，更關鍵的或許是對那些你們的不同之處如何看待？或者如何處理對方的缺點？即使對方有許多的缺點，但是若能接受，甚至換個角度變成欣賞，就有可能成為長期伴侶。

生命的意義

西蒙波娃說：「如果能夠的話，我覺得無論如何，能夠結婚的話，還是把握機會結婚，然後生個孩子，完成生命完整的體驗。」

女性主義的典範——西蒙波娃，一輩子沒結婚，與哲學家沙特同居，仍然過得非常幸福。不過，西蒙波娃晚年接受記者訪問時說：「我這一生唯一的遺憾就是沒有子女。」對照於她之前所說的話，也是好幾個世代被不斷傳誦的名言：「女人如果不結婚，她就可以做任何事！」真是令人唏噓。

　　結婚生小孩，讓我們的生命有意義，真的就如同戒嚴時代貼在每個講堂左右的對聯：「生活的目的在增進全體人類之生活，生命的意義在創造宇宙繼起之生命」一樣。

平等的愛

「門當戶對」往往也會形成內心精神層次的一致，甚至在靈魂
上雙方也比較容易碰觸出火花。

因為一個人的價值觀很容易受現實所處環境的影響，相似的家庭、相似的教育背景、相同的喜好或同類型的朋友……種種表面的「門當戶對」，往往也會形成內心精神層次的一致，甚至在靈魂上雙方也比較容易碰觸出火花。

　　而且門當戶對的兩人，在交往上，地位或互動比較容易平等，就像赫曼赫塞在徬徨年少時裡所寫的：「愛情不可以哀求，或者要求。愛情一定是要有力量在自己裡面變得確實無疑，然後就不再是僅僅被吸引，而是要開始去吸引別人。」

男人的魔障

美國有項追蹤調查顯示：妻子的收入高於丈夫，很可能會成為婚姻殺手，也會導致先生罹患心血管疾病……

美國有個大學進行一項長期的追蹤調查顯示：妻子的收入若高於丈夫，很可能會成為婚姻殺手，也會導致先生罹患心血管疾病，形成健康的大殺手；換句話說，當太太的成就愈高，先生的死亡風險就隨之愈高。另一項中國大陸的研究也顯示：當丈夫與妻子的收入比例是二比一時，婚姻最美滿，兩人感情交流最密切；但若妻子的收入超過上述比例，丈夫的心理就開始不平衡，對婚姻形成威脅。太太收入愈高，情況愈糟呀！看來雖然隨著時代進步，男女平權已是普世價值，但是男人內心的魔障仍在啊！

男女大不同

有科學家感嘆：男女生的不同，有時候差異大得像是兩種完全不同的生物。

買東西時，就可以看到男女生的差異。男生要買某樣東西，都是先決定好品牌樣式，然後走到專櫃買了就走；女生常會説：「我不到處看看，怎麼知道要買什麼？」或許是從人類漫長的狩獵時代遺留下來的習性吧！女生以採集植物為主，所以習慣與一群朋友一起東看看西挑挑；至於追捕野獸的男生，必須對準目標心無旁騖，勇往直前，而且在追捕過程基本上是不能説話，也無法聊天的。

　　有科學家感嘆：男女生的不同，有時候差異大得像是兩種完全不同的生物。但也唯有了解這種不同，才不會卡在爭辯誰對誰錯，誰有理誰沒理，而是男生女生對周遭環境的感受以及解決問題所採取的策略根本就不同的關係；不了解這一點，男女雙方即便想溝通，也無法增進彼此的瞭解。所以，當我們瞭解這種男女天生的不同之後，才能真正欣賞彼此。

愛的極致

相愛的兩人之間,沒有柴米油鹽醬醋茶來煩,兩人之間的回憶
會永遠停格在最美好的那個時刻。

有人說過：「人世間最浪漫的愛情，是遇見一位夢中情人，雙方陷入熱戀，就在愛得你死我活之際，發現情人罹患絕症，他在床邊盡力照顧，每天送花講故事，然後二、三個月後愛人過世，留下一生一世的懷念……」這就是一九七○年代轟動的電影《愛的故事》原型。不然就像「鐵達尼號」的主角傑克，與蘿絲相戀三天，然後為愛人而死，留下偉大的愛情回憶。

　　兩人之間若沒有柴米油鹽醬醋茶來煩，兩人之間的回憶將永遠停格在最美好的那個時刻，真是純粹的愛的極致。

更美好的自己

心理學有個理論認為：在愛情的追求裡，其實男女雙方所看到的是一個「更美好的自己」的投影。

我認為男女交往過程最理想的狀況，是讓對方成為自己的鏡子，從交往中看見真正的自己，彼此並非隱藏自己的缺點，而是改善自己的缺點，並且努力成為更棒更好的人。

　　因此也有人說，吸引我們的人，往往能讓我們看見自己內心的渴望，以及激發自己的潛能，也就是那個我們自己原本都不太了解的特質。

愛情的要素

文學作品都在歌頌:「為了真愛可以拋棄一切。」

其實「感情的世界太複雜,沒有標準答案,甚至也不太能以感情的堅貞或善變,來論斷或評價一個人的人品高低或道德高不高尚。

人不斷的成長，也不斷在改變，我們會變，對方也會變；再加上彼此各自所處的時間空間也不斷在變化著，因此當年男女雙方即便感情再甜蜜、再轟轟烈烈，時過境遷，要再回到過去，渴望捕捉初戀的浪漫，終究是鏡花水月一場空！

　　不過，精確地說應該是愛情中的激情與慾望很難持久，但是愛情必須包括三要素：激情、親密與承諾，這三種成分的比例在男女伴侶相處一生中會有不同。初戀時當然是激情為主，兩人繼續走下去，親密感的成分會增加，等到有了孩子，承諾感也許就是維繫婚姻的主要因素了。

愛對的人

說文解字認為：愛這個字是受字中間有顆心。也就是一個人會有愛，是接受了一顆心，在接受別人的心時，自己的心也同時被接受了。

什麼是接受一個人的心？也就是能接受對方真正的自己。

　　一個可以在人生路上彼此扶持，共同面對挫折、困頓以及種種難關的，一定是彼此在一起非常自在、無話不談，而且可以很放心地在對方面前呈現最真實的自己，不必偽裝。假如你跟對方在一起會提心吊膽，擔心會得罪他，甚至會恐懼害怕，那就一定不是那個對的人。

_____

_____

_____

_____

_____

_____

_____

_____

_____

_____

愛情是一面鏡子

真正相愛的伴侶，就會像是彼此的鏡子，反映著對方，從相對
的鏡子中看到無盡無限的空間。

著名的心理學家榮格認為：我們每一個人都是陰陽合體的；也就是每個男人心中都存在著一個女性的靈魂，而每一個女人心中也都有一個屬於男性的靈魂。

換句話說，一個完整的人，是這個陰陽合一，女性與男性特質兼具的人。

另外還有一個非常好的比喻，真正相愛的伴侶，就會像是彼此的鏡子，反映著對方，從相對的鏡子中看到無盡無限的空間。這個雙面鏡比喻突顯了伴侶之間可以創造比兩個人更大的自己。

愛情價更高

法國大革命傳頌至今的名言:「生命誠可貴,愛情價更高,若為自由故,兩者皆可拋。」

這句名言聽起來好像很振奮人心，但是這也顯示了，愛情是有價格的，就像經濟學家認為的，價格之所以存在，是因為有交易，也就是有供給和需求的存在。

有研究顯示：真正面臨選擇終生對象時，女生比男生實際許多，女生普遍會表示：「假如一個男生具有我期待的所有優點與條件，但是我卻不愛他的話，我想我可以說服自己去愛他。」

因此有人說，男人愛一個女人，愛的是她現在的樣子，也就是女人拿面貌來交易；而女人愛的是男人的未來，也就是男人必須用一輩子來換得愛情。

成熟的愛

心理學家佛洛姆指出：「不成熟的愛是—我愛你，因為我需要你；成熟的愛則會是另一種說法—我需要你，因為我愛你。」

這兩者間有什麼不同呢？一種是因為需要才有愛，另外一種是先有了愛，才產生需要。換句話説，當我們因為自己不快樂，才去尋找愛，這不是成熟的愛，而是我們自己一個人都可以過得很好時，才有足夠的力量去愛別人。

　　其實愛人與被愛，都不是件容易的事。懂得愛別人，必須要有付出的勇氣以及被傷害的承受力及寬恕的能力；而被愛的人也要有接受的勇氣以及要有能體貼別人的能力。

相愛容易相處難

相愛容易相處難，愛的情感是天生的，沒有對錯好壞。

英國作家王爾德曾說：「自私並非按照自己的意思生活，而是要求別人照自己的意思生活；無私是允許別人活出自己的樣子，不去干預他們。自私總是想把一切整合成完全一致；而無私卻認為差異是一種趣味，願意接受，並且享受它。」

　　說得真好，但是很難做到，我們不是常見到，單單是浴室裡共用的牙膏該怎麼擠，就常成為夫妻爭吵的導火線。

　　相愛容易相處難，愛的情感是天生的，沒有對錯好壞，但是愛的行為與反應，卻是有適當與否的表現，是可以學習，也必須學習的。

愛情的力量

有人消遣說，婚前男人可以為女人上刀山下油鍋，可是婚後要他拿垃圾出門去倒，打死也不願去做。

男生正在追女生的時候，要他做什麼都可以，但是追上了，幾乎都會故態復萌。不要以為愛情的力量可以改變另外一個人的天性，或者壞習慣；無數的經驗與研究告訴我們，這幾乎是不可能的。所以我們如果喜歡一個人，願意跟他在一起，就要抱著接受他認識我們之前的一切習性的決心，不要期待對方在熱戀中的討好或順從我們心意的表現，這種美好的狀態能長久保持下去。

　　不過也不必太悲觀，人的可塑性還是很大的，但是真正的改變，必須來自內心而不是來自於別人的要求或壓力。

　　只要在生活中創造正面的互動，讓對方願意變成一個更好的人，改變就會自然而然地發生。

夢醒時分

「他若真的那麼好，怎麼會愛上我這種人」的矛盾，有一句很出名的名言來形容：「我不會加入一個願意接受我入會的俱樂部。」

我們單戀一個人時，一定會把他想像成天使，一個高不可攀的偶像，可是一旦這個「神人」居然會愛上我們，一個自以為笨拙愚蠢的人，我們會被嚇到——我們心目中那麼棒的人，怎麼會品味差到看上我呢？這種「他若真的那麼好，怎麼會愛上我這種人」的矛盾，有一句很出名的名言來形容：「我不會加入一個願意接受我入會的俱樂部。」

　　這是追求偶像時心中的矛盾。通常更可能的是，實際深入接觸偶像後，我們的幻想才會破滅。只怕夢醒得太晚，或者這個偶像太會裝了，等到我們深陷其中，人財兩失才覺悟，就太令人遺憾了。

發現彼此的美好

愛情的面貌有很多，吵吵鬧鬧可能是愛，相敬如賓也可能是愛，互相欣賞互相讚美更是愛……沒有一定的！

曾經有人做過研究：認為從一對夫妻或情侶對話的方式，只要觀察十多分鐘，就可以判斷他們會不會離婚或分手，據說準確率達九成以上。

　　研究者拍下夫妻彼此的對話過程，分析當對方在講話時，他臉上的表情是如何，只要呈現愈多的翻白眼，也就是輕視、瞧不起的神情，就愈可能會分手。換句話說，不要看對方互動的表面形式，而是看話語背後的感受與態度。

　　因此夫妻相處，最重要的是當個令人欣賞的伴侶，並且不斷在生活中的每一剎那，不斷發現彼此的美好，就像戀愛當初，從人群中辨識出對方一樣。

_____

_____

_____

_____

_____

_____

_____

_____

_____

_____

不婚的選擇

諾貝爾經濟學獎得主貝克曾說過：「早婚的人不是因為自己幸運，就是因為自己悲觀；而晚婚的人，不是因為自己的不幸，就是因為自己的樂觀。」

其實不管早婚或晚婚，終究是結婚了，但現代卻有著更多的人是終生不婚的。

　　隨著時代變遷，社會結構的改變，每個人的生活方式也不同，同時每個人的工作也愈來愈忙碌，戀愛結婚的成本愈來愈高，也就會愈來愈不想，也不敢結婚。往往警覺到似乎忘了做一件人生大事時，年紀已經不小了，那時候才開始要找合適的對象，是很困難的，因為我們的閱歷讓我們冷靜多了，不再像年輕時會被愛沖昏頭。也因此，終身未結過婚的人，比率也一年比一年高。

為愛痴狂

漢朝古詩中有一首驚天地泣鬼神的詩:「上邪!我欲與君相知,長命無絕衰,山無稜、江水為竭、冬雷震震、夏雨雪、天地合,乃敢與君絕。」

哇！這是多麼堅定的誓言，不只是愛到海枯石爛，而是承諾即便到世界毀滅，這份心也不會改變。放眼現今七十多億人口，有誰敢說出這樣的誓言？

不過話又說回來，這種激情是很難維持長久的，假如兩人熱戀中卻被種種因素阻礙，那種為愛犧牲一切的衝動，會更加強烈，心理學上稱為「羅密歐與茱麗葉症候群」。因此要提醒自己，這種為愛瘋狂的階段一定會過去，千萬不要在狂戀期做出人生重大選擇，最好等恢復理性時再決定。

姻緣天註定

自古傳統的小說中常有「緣訂前世」的說法；月下老人的傳說也是認為姻緣乃是天註定。

不止我們，連古希臘時代西方也相信，人們的愛情與婚姻，是在找自己失去的另一半，如果找對了，有如與故人相逢。情人初識相遇，尤其是那種一見鍾情的情侶，會覺得對方好像是自己上輩子就已經認識了，這種感覺別人無法否定，也無法以科學證明。

我猜是我們在情感上不太能接受愛情婚姻這麼重大的事，兩人休戚與共一輩子的相處，怎麼是來自於隨機式的偶然相遇呢？怎麼能夠建立在這麼不牢靠的基礎上呢？假如是上天早就註定的，事情就是會這麼發生，那麼我們會大大的鬆一口氣。其實不只對愛情是如此看法，對人生其他事物也是如此，我們喜歡給任何一件事一個理由，我們喜歡解釋，也渴望聽到因為這樣所以這樣的解釋，這是人的本性。

惜緣

古人常會提到「緣分」這個詞，也隱含前世註定的意味。

有時，大家也會説隨緣隨緣，但我總認為，緣是隨願而生的，有願就會有緣，沒有願望，就是有緣也會錯身而過。我們一方面要珍惜緣分，珍惜與每個人相遇相知的機會。

　　因為今生的每一個緣分，不是那麼容易獲得的，只有惜緣的人才能坦然無悔，才知道人世間每一個小小的因緣，不是那麼容易獲得的；只有惜緣的人才能坦然無悔，才知道人世間每一個小小的因緣，都是無限時空中多難得的恩寵啊！

讓伴侶找回自己

愛是無常的，擁有的時候要珍惜，失去的時候也不必後悔，而且沒有人能夠傷害你，除非是你自己傷害自己。

愛情課的學習核心目標就是，不管彼此在一起或分開，如何讓我們所愛或不再愛的人，不會因為我們的愛或不愛而受傷，甚至能夠因為我們的愛或不愛而得到幸福！換句話說，相愛容易，但是能夠好好的彼此感恩的分手，才是戀愛這門人生課程最關鍵的部分啊！

　　因此，真正懂得愛的人了解，放手也是愛，讓對方從容地走出自己的世界。兩人能攜手走完這一生固然很好，但能擁有一段美好的感情也要心懷感激。緣起而聚，緣盡而散，懂得放手才是真正的愛。

婚姻的權利與義務

詩人隱地曾說：「婚姻是套餐，奉送茶與咖啡。」意思是說，除非你不結婚，結了婚，不能只享受權利，還需要盡義務，婚姻生活是有責任的。

愛情是人生的一部分，也只該占一部分比例而已，它不該是全部。

　　有人用俏皮的話來呈現婚姻除了愛情之外還有其他部分：「許多男人只是愛上了酒窩，卻和那個女孩整個人結婚，鑄下了大錯。」

　　婚姻的套餐中，還有一項承諾，也就是必須辛苦有耐心地處理家裡的柴米油鹽醬醋茶……等等瑣事，這也是聖經裡提醒我們的：「愛是恆久忍耐，又有恩慈。」

_____

_____

_____

_____

_____

_____

_____

_____

_____

_____

家人

父親唱著：「如果你希望這個世界繼續下去，你最好還是開始繼續愛我！」

寫過「愛心樹」這本書的藝術家薛爾席維坦曾經寫過一首歌〈爸爸，假如〉。歌詞中孩子詢問父親：「如果陽光不再普照，世界會怎樣……如果風不再吹，世界會怎樣……」透過父親的一層一層答覆，最後唱到結論：「如果你希望這個世界繼續下去，你最好還是開始繼續愛我！」

　　一定要愛自己的家人，因為朋友來來去去，而家人永遠會在那裡。

　　我們沒有辦法選擇自己的家人，所以是上天給我們的禮物；假如家人造成我們的困境與挫折，就是上天給我們的課題，也要好好去面對，從中得到成長。

讓婚姻常保新鮮

日本資深女演員吉永小白合說：「有些女人的問題在於，年紀大了就不斷中性化。」

我想她這句話的意思，不是只指外貌的不修邊幅，而是隨著年紀增長而放棄了使自己更可愛、更令人欣賞的努力，尤其在回家面對自己的伴侶，總以為都是老夫老妻了，還有什麼好裝的？但是仔細想想，我們把最精華的時間全給了工作，卻把最糟糕的身心狀態讓伴侶承受後，其實是不公平也不應該。

　　的確，我們在家門外看到的男男女女，都是花枝招展、可愛甜美，或是玉樹臨風、溫文儒雅又體貼；但回到家看到的不是黃臉婆，就是窩在沙發的大型垃圾。因此，若要讓婚姻常保新鮮，要把另一半當成愛人，而不是家人，也就是要當個令人欣賞的伴侶。

婚姻的誤解

你以為的婚姻是什麼？婚姻，不是你想得那樣！

我們對婚姻的誤解有三：

第一是男人跟女人結婚，以為她永遠不會改變；女人跟男人結婚，以為她可以改變他，結果兩人都錯了。

第二個誤解是，婚姻只是挑戰的開始，而戀愛的人以為是完成。

第三個誤解是，當情人結婚時，人人都給予祝福，其實婚姻有待祝福，不因為它的美好，而是在於它的艱苦。

愛情

有人很悲觀的認為:「一顆破碎的心,是不朽愛情的紀念碑;
如願以償,卻是垂死愛情的告示牌。」

這裡的愛情，指的是愛情中的激情，就像詩人葉慈寫的：「欲望會死亡，每一次撫觸，都會耗損它的神奇。」得不到的欲望就不會死亡，也因此能夠永遠保有它的神奇。

　　這或許也就是，凡是傳誦古今中外偉大的愛情故事，一定是悲劇，在不可能中彰顯出愛情的偉大。王子與公主從此過著幸福快樂的日子，人人都知道只是童話故事，就像作家王文華提醒的：「深刻與持久的關係，要在日常生活裡打下基礎。山盟海誓，必須先決定誰洗馬桶；亡命鴛鴦，必須要先能一起進廚房。」

_____

_____

_____

_____

_____

_____

_____

_____

_____

_____

愛的發現

我結婚時，高中時的老同學羅綸有在祝福卡上題了一句：「把最好、最捨不得的，留給對方；把最真、最美的，在生活裡實踐。」我很喜歡這句話，也把這句話轉送給其他進入婚姻的朋友。

心理學家弗洛姆曾指出：「在愛裡，包含四種成分，關懷、責任、尊重、認識。只有如此，才能同時創造自己與別人。」 愛是在每一個當下不斷地發現，這個好奇與熱情，是伴侶之間永遠的浪漫情意的來源吧？

執子之手

小津安二郎拍的「東京物語」裡有非常動人的一幕：
老夫妻從鄉下進城找已成家的孩子，他們在山丘上看著東
京……

老太太：「東京好大啊！」

老先生：「是啊！」

老太太：「東京這麼大，我會不會就跟你走失了呢？」

老先生回答：「不會的！」然後用手把太太的手緊緊牽住，說：「我會這樣牽著你！」

我喜歡臺語用「牽手」來形容自己的伴侶，古人也有：「執子之手，與子偕行」，牽手走天涯，多美好的意象啊！

靈魂伴侶

「我將於茫茫人海中訪我唯一靈魂之伴侶。得之,我幸;不得,
我命!如此而已。」

這句膾炙人口的愛情名句，是民國初年大才子徐志摩回復他老師梁啟超的辯解之詞，當時梁啟超勸他不要拋棄結髮多年的妻子，另逐新歡，認為「不容以他人之痛苦，易自己之快樂。」

　　追求真愛似乎是理直氣壯的理由，但什麼是真愛？什麼是靈魂伴侶？人的生命狀態在時空變化中不斷改變，此時的真愛，五年十年後會不會再出現另外一個靈魂伴侶來取代？沒有人有把握，那麼難道就這麼不斷追逐下去嗎？

愛情魔藥

英國作家吳爾芙說:「一旦你被愛情抓住,不必經過訓練,你就是一個詩人了。」

戀愛使人瘋狂，並不只是來自肉體的慾望，最吸引人的反而是精神上的一體感，感覺到我們的外在世界與內在自我合一的狂喜。可惜的是，愛情的魔力不會永遠伴我們身邊，若以煞風景的科學研究來分析：這種魔力來自大腦分泌的某些荷爾蒙，其中主要是苯乙胺醇，但是這種讓大腦瘋狂的興奮劑，最多十八個月就會產生抗藥性，然後回歸到正常的理性判斷，等待下一次遇到另外一個對象。

_____

_____

_____

_____

_____

_____

_____

_____

_____

_____

_____

分手的學習

英國哲學家培根講過一句安慰人的話:「最初的戀愛也就是最終戀愛的人,是值得我們祝福,但卻不值得羨慕。一個人只吃一樣菜就填飽肚子,實在是沒什麼值得驕傲的。」

大部分人的初戀都很難修成正果，一起踏上紅毯，然後白頭偕老。「愛河永浴」的「永遠」，是期待，是祝福，但不是必然的事實。也因為必須在一次次的戀愛與一次次的分手中學習與成長，因此調理自己失戀的情緒，以及分辨對方是否是個很難分手的恐怖情人，也成為現代人必修的愛情課。

愛有如鬼魂

有人悲觀的認為：真實的愛有如鬼魂，大家都在談論這東西，
但是很少有人看過。

的確，什麼是愛？很少人說的清楚，但是反過來看也許比較容易。恐懼不是愛，依賴不是愛，嫉妒不是愛，占有控制不是愛，責任義務不是愛；愛不是恨的反面，正如謙卑不是虛榮的反面一樣。

不可能的愛

「斷背山」電影裡留下了動人的金句：「我希望知道該如何忘記你。」

的確，奇怪的是，我們不會朝朝暮暮想著已擁有的情人，不能忘懷的，永遠是那些失去的人。導演李安曾說：「每個人心裡都有一個斷背山，只是你有沒有上去過。」所以他認為自己拍「斷背山」，並不是特意講同志的愛，而是泛指所有的愛情，所有「不可能的愛」。

　　有位同志朋友，曾在聚會中，朗誦一首詩：「我們學習愛，由別人的恨或輕蔑；我們學習愛，由我們曾經的冷漠；我們學習愛，由我們不曾預先被告知的命運……」

單翅的天使

義大利劇作家迪克列梭寫過一句非常動人的名言:「我們都是只有一隻翅膀的天使,唯有彼此擁抱才能翱翔。」

這裡的擁抱不是彼此相對而擁，圈在自我的小世界裡；而是肩並肩彼此互相扶持，共同面對這個世界，朝著同一個方面與目標而飛行。換句話說，雙方要有共同的關懷，共同的夢想，才能穩當的飛行。

年齡錯位的悲劇

太年輕就訂下終身大事基本上是不正確的，因為人漸漸成熟後終於發現適合自己的人，但此時肩上已壓著無法卸除的重擔。

作家余秋雨對於太年輕就訂下終身大事，抱持著懷疑的態度：「人類最愛歌頌的是初戀，但在那個青澀歲月，連自己是誰都沒搞清，怎能完成一種關及終身的情感選擇？因此，那種選擇基本上是不正確的。人漸漸成熟後終於發現適合自己的人，但此時肩上已壓著無法卸除的重擔，再準確地發現已經無法實現。」

要避免這種年齡錯位所形成的婚姻悲劇，只有兩種方法來避免：一個是在身心靈都成熟後，才尋找伴侶；第二是找到伴侶後，儘可能努力讓兩個人的身心靈可以同步成長。

愛的追尋

愛情是人類所有感情中最強烈的,若先不談來自物種繁衍的天性,愛情是許多人終其一生的追尋,但是我們想從愛中找到什麼呢?

心理學家認為：所有往外的追尋，最終都是一種對自我的追尋，因此，在愛情裡，我們看到的、盼望的，其實是一個「更美好的自己」的投射。

　　愛的追尋與生命的追尋很類似，那就是我們必須先「放棄自我」，然後才能「找到自我」，一個更美好的自我。

婚姻裡的爭對錯

我們可以跟任何人講道理，就是不能跟伴侶講道理，因為情比理更重要！

有個演講家在臺上侃侃而談:「一個在自己犯錯就會立刻認錯的人,是聰明人;但是一個在自己對的時候,也認錯的人……」話沒說完,臺下有位聽眾就很哀怨的插話:「那就是——結了婚的人。」也有人這麼提醒:「要使你太太快樂,必須具備這兩件事:第一,讓她以為她能自作主張;第二,就讓她自作主張。」

　　其實夫妻相處,不該凡事說道理爭對錯;我們可以跟任何人講道理,就是不能跟伴侶講道理,因為情比理更重要,只要有愛存在,對方有沒有理,我們根本就不在乎。

婚姻與愛情

愛情的發生與婚姻的持續，是兩件幾乎完全不同的事情。

愛情的萌芽，來自先天情感的互相吸引力，但是愛的行為表現，正如許多能力一樣，必須學習，也就是來自後天的努力，包括讓自己成為更好更值得被人所愛的願望，以及讓對方更快樂更幸福的決心。　因此，愛情的發生與婚姻的持續，是兩件幾乎完全不同的事情，美好的婚姻需要費心經營，否則就會像有人諷刺地說：「我一直到結婚後才明白什麼是幸福……可惜已經太遲了。」

放手的愛

小王子的作家聖修伯里對「愛」有一個很棒的詮釋:「也許愛就是我引導你走向你自己的一個輕柔的過程。」

原來愛對方不是把他變成我們期待中或想像中的人，而是溫柔體貼地引導他找回真正的自己，這也是透過兩人相愛，彼此可以給對方最棒的成長，因為唯有如此親密共處的伴侶，兩人才能互相映照出原先無法得見的自己。

_____

_____

_____

_____

_____

_____

_____

_____

_____

_____

_____

_____

活得好 066

李偉文筆記書：91則關於友情、親情、愛情的思索

人生因愛而美好！

讓你用溫暖、用緩慢的方式，記錄自己與這個世界的互動。

作　　　者	李偉文	
顧　　　問	曾文旭	
出版總監	陳逸祺、耿文國	
主　　　編	陳蕙芳	
文字校對	翁芯琍	
封面設計	李依靜	
內文排版	吳若瑄、李依靜	
圖片攝影	李偉文＆李欣澄（A寶）、李欣恬（B寶）	
法律顧問	北辰著作權事務所	

印　　　製	世和印製企業有限公司
初　　　版	2022年01月

（本書為《李偉文筆記書2：一切都會因愛而美好！問世間情為何物的91則關於愛的思索》
之修訂版）

出　　　版	凱信企業集團-凱信企業管理顧問有限公司
電　　　話	（02）2773-6566
傳　　　真	（02）2778-1033
地　　　址	106 台北市大安區忠孝東路四段218之4號12樓
信　　　箱	kaihsinbooks@gmail.com

定　　　價	新台幣260元／港幣87元
產品內容	1 書

總 經 銷	采舍國際有限公司
地　　　址	235 新北市中和區中山路二段366巷10號3樓
電　　　話	（02）8245-8786
傳　　　真	（02）8245-8718

國家圖書館出版品預行編目資料

李偉文筆記書：91則關於友情、親情、愛情的
思索－人生因愛而美好！／李偉文著. -- 初版.
-- 臺北市：凱信企業集團凱信企業管理顧問有
限公司, 2022.01
　面；　公分
ISBN 978-626-7097-01-4(平裝)

1.人生哲學

191.9　　　　　　　　110019995

凱信企管

用對的方法充實自己，
讓人生變得更美好！

凱信企管

用對的方法充實自己，
讓人生變得更美好！